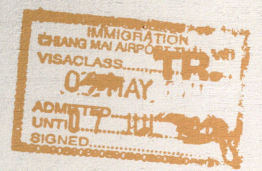

IMMIGRATION
CHIANG MAI AIRPORT THAILAND
VISA CLASS........ TR.
.....MAY....
ADMITTED.......
UNTI.............
SIGNED..................

Hey Ho ihr Lieben ...

Dieses Buch ist eine Herzensangelegenheit
von mir. Ich freue mich riesig, diese
mit dir zu teilen.

Erstmal möchte ich dir erzählen, wie es zu
diesem Buch kam & was dich erwartet.
Mit Yve, meiner Liebsten, versuche ich jede
freie Zeit zu nutzen um zu reisen. Wir sind
süchtig danach, neue Kulturen zu entdecken &
lieben es, Menschen und Länder kennen zu lernen.
Essen ist ein großer Teil jeder Kultur & kochen
eine große Leidenschaft von mir.

Vor zwei Jahren habe ich mir einen
Kindheitstraum erfüllt und uns einen eigenen Van
ausgebaut. Seitdem reisen wir mit großer Freude
durch die Weltgeschichte.

Alle Gerichte sind durch die Reisen inspiriert,
und bei den Bildern war es mir wichtig, keine
gestellten Hochglanzfotos zu produzieren.
Ich wollte die Gerichte so zeigen wie sie
entstanden sind. :)

Ich hoffe du hast mega viel Spaß beim
Nachkochen dieser Gerichte und ich hoffe,
Freunden & Familie schmeckt es.

Gudden und much love to you !

Tipps, Tricks & Infos

Ich liebe Salz, Gewürze & Schärfe, aber vielleicht
geht es da nicht jedem so. Ich habe versucht dort
einen guten Mittelweg zu finden. Falls dir hier
und da aber etwas fehlt oder zu viel ist, fühle
dich natürlich frei - beim Würzen ticken wir nun
mal alle unterschiedlich.

Vielleicht fragst du dich, wie das mit den
Handmengenangaben funktionieren kann - obwohl ja
jeder unterschiedlich große Hände hat. Es ist
verrückt, aber es gibt Studien die beweisen, dass
wir mit unseren eigenen Händen genau die richtige
Menge zu unserem Körperverhältnis abmessen können.
Alles weitere messe ich mit Löffeln:
EL = Esslöffel - TL = Teelöffel

Ich habe in diesem Kochbuch bewusst keine
Zeitangaben gemacht. Denn allein schon die
unterschiedlichen Kochstellen wie z.B Gas,
Induktion oder offenes Feuer, erfordern natürlich
verschiedene Garzeiten. Also probiert, nascht,
seid dabei, während das Gericht entsteht.

Noch Wichtig:
**Hier in dem Buch werden keine Geräte
wie Mixer, Knoblauchpresse, Salatschneider
oder ähnliches erwähnt. Ich persönlich
brauche diese Geräte nicht - das heißt
natürlich nicht dass man sie nicht nutzen darf.
Es spart natürlich erstmal Zeit, aber unterwegs
hat man nun mal nicht all diese Geräte
zur Verfügung - und man muss sie später
auch nicht spülen. ;)**

#waterisahumanright

Bevor du los legst, will ich noch ein
wichtiges Thema mit dir teilen.
Mit diesem Buch möchte ich die
Organisation „VIVA CON AGUA"
unterstützen! Diese großartige
Organisation tut alles dafür, damit jeder
Mensch auf dieser Welt Zugang zu sauberem
Trinkwasser bekommt.

Water is a human right!

Trotzdem haben immer noch 2,5 Milliarden
Menschen kein Zugang zu sauberem
Trinkwasser. Deshalb möchte ich einen
Anteil der Einnahmen durch das Buch an
„VIVA CON AGUA" spenden.

Ich bin der Meinung, dass wir alle
unseren Teil dazu beitragen müssen, damit
sich die Umstände in der Welt ändern! Und
mit dem Kauf des Buches trägst auch du
deinen Teil dazu bei.

www.vivaconagua.org

Brotzeit.

Spanien ist das Land der Sonne. Aber nicht an diesem Morgen. Graue Wolken, Regen, 9 Grad - doch leider waren die Wellen zu gut. Also rein in den eiskalten, noch nassen Neo. Denn der Ozean ruft!

Nach zwei Stunden im Wasser hatte ich einfach nur Kohldampf. Also hieß es: ab in den Van und Frühstück machen. Ich weiß nicht wie es euch geht, aber Brot gehört für mich am morgen dazu. Leider war das Brot was wir noch hatten zwei, drei Tage alt und schon pappig & trocken. Die Lösung: Pan Viejo.

Du brauchst:

**1/4 klein gehackte Paprika,
3 Eier, 1 TL Salz,
1 gehäufter EL gehackte Zwiebel, Olivenöl,
Brot nach Wahl(trocken oder frisch ;),
2 EL Parmesan, 1 EL Tomatenmark.**

So wird's gemacht:

Wenn das Brot an manchen Stellen schon hart ist, einfach leicht mit Olivenöl einschmieren. Dann machst du dich an die Marinade. Eier, Zwiebeln und die Paprika zusammen mit dem Parmesan und dem Salz in eine Tasse oder Schüssel geben und gut umrühren. Das ist deine Marinade.
Die trägst du auf eine Seite des Brotes auf, und brätst dann zuerst diese marinierte Seite an. Brate danach die nicht bestrichene Seite, bis sie schön knusprig ist. Ein wenig Tomatenmark oben drauf und: fertich.

Pan Viejo

Die Imsu Pfanne

Auf dem Weg ins Nirgendwo.

Nach frühem Aufstehen mit
marokkanischem Sunrise im
Rückspiegel und 6 Stunden schlecht
geteerter Straße ging es immer
weiter Richtung Süden. Bei 38 Grad
fanden wir dann das kleine Surfer-
Village Imsuane - eine kleine Oase
am Ende des Nichts.

Du brauchst:

2 Tassen Reis, 2 Hände voll Kartoffeln, 1/2 Dose
Kidneybohnen, 3 EL Kichererbsen, 1/2 rote Zwiebel,
1 grüne Paprika, 2 Knoblauchzehen, 1 Hand voll
Erdnüsse, 1 EL Curry, 1 EL Salz, 4 EL Olivenöl,
1 TL Siracha Chilisauce.

So wird's gemacht:

Zuerst kochst du den Reis & die Kartoffeln. Achte
darauf, dass die Kartoffelstücke höchstens
daumendick sind, weil sie sonst zulange zum garen
brauchen. Ich koche Reis und Kartoffeln immer
zusammen & schäle die Kartoffeln auch nicht, sondern
ich wasche sie einfach nur gründlich ab. Probiert
immer zwischendurch, um zu sehen wann der Reis & die
Kartoffeln den richtigen Biss haben. Währenddessen
gibst du alle anderen Zutaten in die Pfanne und
brätst das ganze mit dem Olivenöl an.
Jetzt noch Kartoffeln & Reis dazu, alles gut
vermengen und ab auf den Tisch damit!

Weniger ist manchmal mehr...

Ehrlich gesagt macht mir kochen am
meisten Spaß wenn der Kühlschrank
leer ist. Dann heißt es nämlich:
kreativ sein! Und genau so ist in
Holland eines meiner favorite
Gerichte entstanden!

Du brauchst:

1/2 Hand voll Cranberrys,
1 Hand voll Schnittlauch, 1 Paket
Fetakäse, 2 Schalotten, 3 Hände
voll Kartoffeln, Olivenöl,
1 Hand voll Wallnüsse.

So wird's gemacht:

Schneide zuerst die Kartoffeln in dünne
Scheiben. Gib in die Pfanne soviel Olivenöl,
dass der Boden leicht bedeckt ist und verteile
dann die Scheiben in der Pfanne. Falls du
einen Deckel für die Pfanne hast: Top! Falls
nicht geht auch ein großes Stück Alufolie.
Lass die Kartoffeln bei mittlerer Hitze garen
und drehe sie alle paar Minuten um. Sobald sie
gar sind, bei voller Hitze die Scheiben schön
goldbraun braten und für die letzten 2 Minuten
die Zwiebeln mit rein schmeißen. Zu guter
Letzt hackst du den Schnittlauch klein &
würfelst den Feta. Gib alles zusammen mit den
Cranberrys in eine Schüssel und streue zum
Schluss noch die Walnüsse drüber - Fertich!

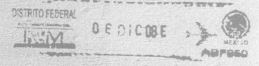

Berry Potatoes

Asiatisches
Feuergemüse

Mit Freunden und Familie
einfach mal dem Alltag entfliehen ...

Ich liebe es, Zeit mit meinen
Herzensmenschen unter freiem Himmel zu
verbringen, am Lagerfeuer zu sitzen und über
Gott & die Welt zu quatschen. Und wenn dann
im Feuer noch ein kleines leckeres Gericht
vor sich hin köchelt ist der Abend perfekt!

Du brauchst:

**1 Stange Poree, 1 Zwiebel, 2 Karotten,
1/2 Broccolikopf, 4 Knoblauchzehen,
1 Süßkartoffel, 4 EL Sojasoße,
1 Chili, 1 Prise Meersalz.**

So wird's gemacht:

Den Poree & die Zwiebeln in Scheiben schneiden,
die Möhren und Kartoffeln in Würfel.
Die Broccoli-Röschen vom Stamm trennen, den
Knoblauch und die Chilischote dann klein hacken.

Jetzt aus Alufolie 4 Schalen formen.
Achte darauf, dass du sie so groß machst,
dass du sie am Ende noch gut verschließen kannst.
Verteile das Gemüse nun gleichmäßig in die Schalen.
Den Knoblauch & die Chilischote über das Gemüse
verteilen und zuletzt eine Prise Meersalz
mit einem EL Sojasoße in jede Schale geben.
Jetzt ab in die Glut damit.
Check das Ganze einfach mal zwischendurch,
um für dich den richtigen Biss zu finden.

Paprika-Pott

Was mache ich mit den Nudeln von gestern?

Yve & ich waren gerade an Marokkos Süd-West Küste
unterwegs und hatten Lust, uns einen entspannten
Abend am Lagerfeuer zu machen. Nach einem langen
Tag hat man nicht unbedingt noch viel Lust sich
ewig mit kochen zu beschäftigen. Ja, so geht's auch
mir manchmal. :P Ich hatte vom Vortag noch eine
ordentliche Portion Nudeln übrig und dachte, es
wäre doch cool mal was anderes daraus zu zaubern.
So kam ich auf die Idee, gefüllte Paprika mit Penne
zu machen. Das Ganze kannst du in der Pfanne, auf
dem Grill, oder einfach über dem Feuer zubereiten.
Wichtig dabei: lieber einmal mehr nachschauen
was die Paprika sagt. ;)

Du brauchst:

**Zahnstocher, deine restlichen Nudeln vom Vortag,
1 rote Zwiebel, 5 EL Olivenöl, 1 Hand voll
Cocktailtomaten, 3 Stängel frische Minze,
1/2 Zitrone, 2 Karotten, 3 Paprika, 1 EL Salz,
1 TL Oregano, 1 TL Pfeffer, 1 EL Paprika Pulver.**

So wird's gemacht:

Das Olivenöl zusammen mit allen Gewürzen
in eine große Schüssel füllen.
Die Minze & die Tomaten schön klein hacken
und zusammen mit der gepressten Zitrone hinzu geben.
Jetzt alles gut miteinander vermengen.
Dann die Zwiebel und die Karotten -
möglichst klein gewürfelt - dazugeben.
Nun noch die Nudeln dazu
und alles gut vermengen -
fertig ist die Füllung.

Jetzt die Paprika soweit oben wie möglich
aufschneiden, sodass ein Deckel entsteht.
Die Paprika aushöhlen und dann füllen.
Damit die Füllung nicht raus fällt
empfehle ich dir, den Deckel der Paprika
mit Zahnstochern zu fixieren.
Jetzt nur noch die Paprika in Alufolie einpacken
und ab in die Glut damit - wenn du es auf dem Grill
oder in der Pfanne zubereitest natürlich ohne Alufolie.
Sobald die Paprika schrumpelig wird,
ist das Ganze fertich!

Auf die Hand & los.

Egal ob Zuhause oder auf Reisen: Yve und ich sind
absolute Freunde von Take-away Gerichten. Auf der
letzten Tour mussten wir von Spanien aus mit der
Fähre nach Marokko. Wir waren mal wieder viel zu
spät dran, und deswegen musste jetzt schnell was
Leckeres für unterwegs gezaubert werden.
Der ein oder andere kennt es sicherlich auch: mit
leerem Magen ist nicht zu spaßen:D

Seinen Namen hat das nächste Gericht übrigens von
einem spanischen Fährmitarbeiter. Hektisch wies er
die LKWs ein, wobei ich ihn eine ganze Weile
beobachtete. Es schien als würde es nicht ganz so
fix klappen wie er es sich vorstellte. Dabei rief er
ständig „DIOS MIO, DIOS MIO"! Damit war der Name für
unser Lastminute Frühstück geboren.

Du brauchst:

**1 TL Currypulver, Meersalz, 2 große Tomaten,
5 EL Naturjoghurt (1,5%), 1/4 Gurke, 4 Eier, 1 Avocado,
2 EL Olivenöl, 1 TL Paprikapulver, eine Hand voll
Kichererbsen aus der Dose.**

So wird's gemacht:

Zuerst bereitest du die Currysauce, die aufs Brot
kommt, zu. Dafür nimmst du den Naturjoghurt, eine
gehackte Knoblauchzehe, das Currypulver und einen
halben TL Meersalz. Das Ganze gut vermengen & dann
das Brot damit bestreichen. Dann belegst du das Brot
mit ein paar Scheiben Gurken und einer Tomate.
Jetzt die Avocado in Würfel schneiden & aufs Brot damit.

Wenn du auf Reisen bist empfehle ich, immer das
einheimische Brot zu nehmen - das gibt dem Ganzen
nochmal einen besonderen Flair. Es eignet sich aber
ansonsten jedes Brot dafür.

In der Pfanne erhitzt du nun das Olivenöl.
Währenddessen die Eier in eine Tasse füllen,
eine Messerspitze Salz und das Paprikapulver dazu.
Jetzt das Ganze gut umrühren
und ab in die heiße Pfanne damit.

Zu guter Letzt die Kichererbsen dazu schmeißen,
dass fertige Rührei aufs Brot legen und
mit etwas Chilisauce oder Chilipulver verfeinern.
Wenn du noch was Currysauce übrig hast, kannst du das
natürlich noch oben drauf verteilen ;)

Fertig ist das DIOS MIO SANDWICH, Gudden!

Dios Mio Sandwich

Mousse Bowl

Die Idee hinter der Mousse Bowl

Wer kennt es nicht: einfach mal wieder
zu viel Obst gekauft, und die ersten Sachen
fangen schon an weich zu werden oder
bekommen braune Stellen. Genau das Problem
hatte ich schon auf einigen Touren und auch Zuhause.
Im Van habe ich dann einfach mal rumprobiert
und bin dann auf die Lösung gekommen:
„Mousse Bowl"

Leicht & Locker in den Tag.

Das braucht die Mousse Bowl:

2 Bananen, 1 Hand voll Erdbeeren, 1/2 gepresste
Limette, 1/2 Orange und 2 EL Erdnussbutter in eine
Schüssel geben. Das Ganze mit einer Gabel zu einer
Masse vermengen, 1/2 Hand Cranberries mit einrühren
und 1/2 Hand voll Walnüsse als Topping oben drauf.
Jetzt noch die Kokos-Splitter und zwei klein
geschnittene Datteln dazu - that's it.

So könnt ihr noch Zeit sparen:

Anstatt das Mousse mit der
Gabel zu bearbeiten, könnt ihr
es natürlich auch mit dem
Mixer oder Pürierstab machen.

Scorpion Salad

**Ich weiß du denkst jetzt:
was ist das denn bitte
für ein Name für ein Gericht?
Ich kann's dir erklären:**

Ein paar Minuten bevor ich anfing diesen Salat
zu machen, habe ich zum ersten Mal in meinem Leben
einen Skorpion gesehen - und der lief gerade mal
einen halben Meter vor meinen nackten Füßen vorbei!
Ich war total fasziniert von diesem 3 cm großen
Lebewesen. Da kommt Mohammed, der Eigentümer des
Campingplatzes vorbei mit frischem Minztee.
Als Mohammed sah was ich da vor mir hatte,
erzählte er mir, wie schmerzhaft sein erstes Treffen
mit einem dieser kleinen Scheißer im Krankenhaus endete.
Deswegen bekam dieser Salat seinen außergewöhnlichen
Namen! Seitdem gucke ich übrigens drei Mal
in meine Schuhe, bevor ich sie anziehe.

Du brauchst:

3 Hände voll Kartoffeln, 1/2 Kopfsalat,
2 Hände voll Cherrytomaten, 1 Paprika,
1 Avocado, 1 TL Salz,
Olivenöl, 2 Knoblauchzehen,
2 Stängel Lauchzwiebeln, 1/2 Gurke,
250g Naturjoguhrt (1,5%),
1 gehäufter TL Pfeffer.

So wird's gemacht:

Zuerst schneidest du die Kartoffeln in Würfel
und schmeißt sie in das kochende Wasser. Immer
zwischendurch schauen wie weit die Kartoffeln
sind, denn sie sollen schön bissfest bleiben.
In der Zwischenzeit den halben Kopfsalat klein
schneiden, Cherrytomaten halbieren, die Paprika
in dünne Scheiben schneiden und die Avocado
würfeln. Das Ganze in eine große Schüssel geben.
Sobald die Kartoffeln fertig sind, das Wasser
abgießen und den Topf nochmal mit kaltem Wasser
füllen. Dadurch kühlen die Kartoffeln schneller ab.

Jetzt gehts ans Dressing:

Dafür die Lauchzwiebeln und die Knoblauchzehen
schön klein hacken. Die halbe Gurke in kleine
Streifen schneiden und zusammen mit dem Salz,
dem Pfeffer & dem Joghurt in eine kleine Schüssel
geben. Das alles gut miteinander verrühren.
Jetzt kannst du die abgekühlten Kartoffeln
mit zum Salat geben. Dann noch das Dressing
drüber, alles noch einmal gut vermengen & ab
auf den Tisch damit!

Es war einmal ein Paradies

Auf der Suche nach einem Schlafplatz
fanden wir ein kleines Agavenfeld
in einem Canyon mitten in Marokko.

Genau hier lernten wir Huséyin kennen.
Hier in Paradise Valley
lebt er schon sein ganzes Leben,
und er war noch nie weiter
als 50 km von Zuhause weg.

Abends am Lagerfeuer erzählte Huseyin uns,
wie einzigartig dieser Ort hier mal war.
Es gab tropische Früchte soweit das Auge reichte,
und Menschen aus der ganzen Welt
lebten hier an den Quellen
und teilten alles miteiander.

Heute, sagt Huseyin,
wächst hier unten gar nichts mehr,
überall liegt Müll und niemand respektiert
hier mehr den Boden auf dem sie dort leben.
Wir unterhielten uns die ganze Nacht
über Gott & die Welt. Für mich ist dieser Ort
dank der Begegnung mit Huseyin immer noch magisch,
und deshalb trägt das Gericht,
das ich an dem Abend machte, den Namen

„VALLEY BAG"

Valley Bag

Du brauchst:

4 Tortillafladen, 2 Süßkartoffeln, 1 TL
Meersalz, 4 EL Olivenöl, 1 TL gemahlenen
Muskat, 2 Knoblauchzehen, 1/2 Packung
Pinienkerne, Siracha Chili Soße, 1 Avocado,
1 Hand voll Cocktailtomaten, 1/2
Morrzarellakugel, 1 Dose passierte Tomaten,
1/2 Zwiebel, 1/2 rote Paprika, 1/2 Dose
Kidneybohnen, 1 TL Pfeffer.

So wird's gemacht:

Zuerst rösten wir in einer trockenen Pfanne die
Pinienkerne, bis sie goldbraun sind und sich das
Aroma entfaltet. Danach sofort aus der Pfanne
nehmen und in eine kleine Schüssel geben!

Jetzt die gewaschenen, ungeschälten Süßkartoffeln
in halbe Zentimeter dicke Scheiben schneiden.
Danach die Süßkartoffeln in eine Pfanne mit dem
heißen Olivenöl geben, salzen & so lange
braten bis sie gar sind.
(sie sollen nicht crossig gebraten werden)

In der Zwischenzeit die in dünne Streifen
geschnittene Paprika, die gewürfelte Zwiebel, die
Kidneybohnen und die passierten Tomaten in eine
Schüssel geben. Hinzu kommen noch die Siracha
Chilisoße, Muskat, Pfeffer und der fein gehackte
Knoblauch. Jetzt das Ganze gut miteinander
vermengen und in die Pfanne zu den Süßkartoffeln
geben. Nach ein paar Minuten alles zurück in die
Schüssel geben.

Die Pfanne säubern und darin die Tortillafladen
von beiden Seiten kurz anrösten und diese dann
mit der warmen Masse füllen.
Am Ende noch die Avocado, die Cocktailtomaten
und den gewürfelten Mozzarella zusammen mit den
Pinnienkernen oben drauf - und ab in die
Kauleiste damit!

Pesto einfach mal anders

Auf dem letzten Amsterdam-Trip war mal wieder einer
meiner favorites angesagt. Doch das klassische Pesto
war diesmal nicht gut genug, und ich wollte Yve
mit was besonderem überraschen - von dem ich vorher
selbst noch nicht wusste was daraus werden würde. :D

Du brauchst:

**3 EL Tomatenmark, 3 EL Olivenöl, 3 EL Erdnüsse,
1 EL Chiliflocken, 1 Knoblauchzehe, 1 Zwiebel,
300g Penne - das ist ein bisschen mehr
als eine halbe Tüte, 2 Hände voll Cherrytomaten
und 1 Hand voll Basilikumblätter.**

Wichtig:
Das Basilikum nicht waschen, es verliert sonst
einen großteil seiner Aromastoffe

So wird's gemacht:

Gib als erstes die Penne in das kochende Wasser
und mach dich dann ans Pesto.
Schritt eins: Erdnüsse zerkleinern.
Pack dazu einfach die Nüsse in ein Küchentuch
und klopp sie platt. Am besten geht es natürlich
mit dem Mörser, aber den hat nun mal
nicht jeder zu Hand.

Als nächstes zerhackst du Zwiebel & Knoblauchzehe
so klein wie es geht und gibst das
zusammen mit den zerkleinerten Nüssen,
dem Tomatenmark, dem Olivenöl
und den Chiliflocken in eine Schüssel.
Mit einer Gabel zerdrückst du alles
zu einer Masse, und fertich ist das Pesto.
Wenn die Nudeln die gewünschte Bissfestigkeit haben,
hau sie zusammen mit dem Pesto,
den Basilikumblättern und den halbierten Cherrytomaten
für zwei Minuten nochmal in die Pfanne.

Peanut Pesto

Da hast du den Salat!

Obwohl ich diesen Salat schon 1000 mal gegessen habe bämst er mich jedes mal aufs neue weg. Ja ich weiß, Eigenlob stinkt xD! Aber ganz ehrlich: dieser Salat ist ein besonderes Geschmackserlebnis und der perfekte Mitbringer für jede Party. ;)

Du brauchst:

1/2 Kopfsalat, 2 Hände voll Penne, jeweils 1 Hand voll Cranberrys, 1 Hand voll Sojasprossen, 1 hand voll Erdnüsse, 1 Hand voll Jalapenos, 1 Hand voll Edamame(Sojabohnen), 1/2 Dose Kichererbsen, 1 gelbe Paprika, 100g Fetakäse & 3 große Tomaten.

So wird's gemacht:

Die Penne ins kochende Salzwasser geben, dann den Kopfsalat, Paprika & Tomaten klein schneiden. Alles zusammen in eine große Schüssel füllen und Cranberrys, Sojasprossen, Erdnüsse, Jalapenos, Edamame und eine halbe Dose Kichererbsen dazu packen. Am Schluss kommt noch der Fetakäse dazu, den du mit der Hand in kleine Stücke bröselst. Sobald die Nudeln al dente sind, gieß das heiße Wasser ab und lass die Nudeln in kaltem Wasser zwei Minuten abkühlen, bevor du sie zum Salat gibst.

Adventure Salad

Ein Stück California ...

Das sind Cameron & Taylor. Diese beiden
Zuckerschnuten habe ich auf meinem ersten
Surftrip mit dem Van kennen und lieben gelernt.
Die beiden kommen aus LA, und sie waren gerade
auf Weltreise, als wir uns an der West-Küste
Frankreichs das erste mal begegneten.
Die beiden sind absolute Surf-Junkies und haben
mir viel beigebracht. Wir hatten eine
unvergessliche Zeit miteinander, und von ihnen
stammt mein absoluter Lieblingssnack, den ich
auch heute noch regelmäßig zum Frühstück esse!
Ich sag dir: die „Cali-Waffle" in der einen
und ein Kaffee in der anderen Hand -
und der Tag ist dein Freund!

Die Cali-Waffle

Du brauchst:

4 gesalzene Reiswaffeln,
2 TL Honig, 1 Banane,
2 gehäufte TL
Erdnussbutter(Bio).

So wird's gemacht:

Bestreiche zuerst zwei Reiswaffeln mit
dem Honig, und die anderen beiden
Reiswaffeln mit der Erdnussbutter.
Die Banane schneidest du in ein
Zentimeter dicke Scheiben und verteilst
sie dann auf den Honigseiten. Leg jetzt
einfach nur noch die Waffeln mit der
bestrichenen Erdnussbutter oben drauf,
und jetzt viel Spaß beim vernaschen. :P

Co Co Sam
(Cologne Coconut Sambol)

Ein Stück Kultur mit Freunden teilen.
Dieses traditionell srilankische Gericht habe ich
bei unserer Backpackreise durch dieses
wunderschöne Land direkt mit eingepackt.
Zwei Herzensmenschen von mir teilen genau die
gleiche Liebe zum Reisen wie Yve & ich. Außerdem
sind Rainer & Ina auch genau so kochverrückt wie
wir - das liebe ich! Wir reden oft Stunden über
die kulinarischen Erlebnisse, die wir auf unseren
Reisen gemacht haben. Rainer hat dem Gericht
diesen Namen gegeben, nachdem wir zusammen im
Garten kochten und ich ihm erzählte, was es mit
diesem Gericht auf sich hatte. Außerdem habe ich mich
wie Sau gefreut etwas mitbringen zu können, :P
was sie noch nicht kannten. :P

Du brauchst:

**1 Hand voll Cherrytomaten, 1/2 Limette,
1/2 Zwiebel, 1 TL Chiliflocken,
1 Kokosnuss oder Kokosnussstücke.**

So wird's gemacht:

Falls du noch nie eine Kokosnuss geknackt hast:
Kokosnuss in die Hand legen und mit dem Hammer drauf hauen,
bis die Schale platzt. Jetzt raspelst du das Kokosnussfleisch
klein, schneidest Zwiebel & Tomate in feine Würfel
und packst alles zusammen mit den Chiliflocken
und dem Saft der Limette in eine Schüssel.
Zu guter Letzt die ganze Masse mit den Händen
vermengen, damit die Zutaten sich gut verbinden.
Die Masse ist perfekt, wenn die Kokosraspeln
die Farbe der Chiliflocken angenommen haben.
Fertig ist ein Allrounder der Extraklasse -
ich esse es am liebsten zu Brot.

Der Spanier

Das fruchtige Salatdressing.

Oriental Express

Wer es würzig liebt, fährt mit diesem Dip genau richtig.

Denny Portugisi

Der Perfekte Allrounder, egal ob als Brotdip, zu Fleisch oder zu Kartoffeln.

Sri Lanka Vibes

Dieses exotische Salatdressing ist mal was ganz anderes.

Greek Indian

Fetakäse trifft auf Curry, genau das richtige für Gemüse, Brot oder Garnelen.

Dips & Dressings

Diese Dips & Dressings sind wirklich leicht gemacht, aber echt was Besonderes - viel Spaß auf der Geschmacksreise!

Denny Portugisi
1 TL Meersalz, 3 fein gehackte Knoblauchzehen, 1 gehäufter TL Kümmel, 1 TL Paprika edelsüß, 1 klein gehackte Chili, 500g gewürfelte Rispentomaten, 5 EL Olivenöl.

Sri Lanka Vibes
5 EL Ölivenöl, 5 gehackte Minzstängel, 1 gehäufter EL gepresstes/gehacktes Ingwer, 1 gepresste Limette, 1 TL Meersalz.

Greek Indian
250 Gramm Quark mit 20% Fettgehalt, 2 EL Ölivenöl, 100 Gramm zerkleinerter Fetakäse, 1 gehackte Knoblauchzehe, 1/4 rote Zwiebel, 1 EL Currypulver, 1 Hand voll gehackter Schnittlauch, 1 TL Salz.

Oriental Express
1 EL Siracha Chilisoße, 250gr. Naturjoghurt, 1 gehäufter TL Paprikapulver, 1 gehäufter TL Currypulver, 3 EL Olivenöl, 1 gehäufter TL Salz, 1 gehackte Knoblauchzehe.

Der Spanier
4 EL Olivenöl, 1/2 Hand voll gehackte Petersilie, 1/2 gehackte Chili, 1/2 TL Meersalz, 1 gepresste Orange mit Fruchtfleisch.

Bau deine eigenen Gerichte ...

Ich wollte dir hier auf den letzten Seiten
einfach etwas Freiheit lassen,
damit du deiner Kreativität Platz schenkst.
Vielleicht findest du auf der nächsten Reise
ein neues Geschmackserlebnis, das du
unbedingt festhalten möchtest, damit du
Zuhause dann Freunde und Familie
überraschen kannst! :)

Ich hoffe Du hast richtig viel Spaß beim
Zubereiten der Gerichte, und wenn du auf deinen
Reisen ein besonderes Gericht für dich entdeckt
hast, würde ich mich riesig über eine Nachricht
von dir freuen!

Hier findest du mich auf

Instagram: @Jeremygrube

#Taschenkochbuch

much love to you!

ISBN 978-3-00-064392-7